Impressum
Verlag: BABADADA GmbH, Nedderfeld 112 , 22529 Hamburg
Geschäftsführer / Verlagsleitung: Harald Hof
Druck: Books on Demand GmbH, In de Tarpen 42, 22848 Norderstedt

Imprint
Publisher: BABADADA GmbH, Nedderfeld 112 , 22529 Hamburg, Germany
Managing Director / Publishing direction: Harald Hof
Print: Books on Demand GmbH, In de Tarpen 42, 22848 Norderstedt

School

colegio

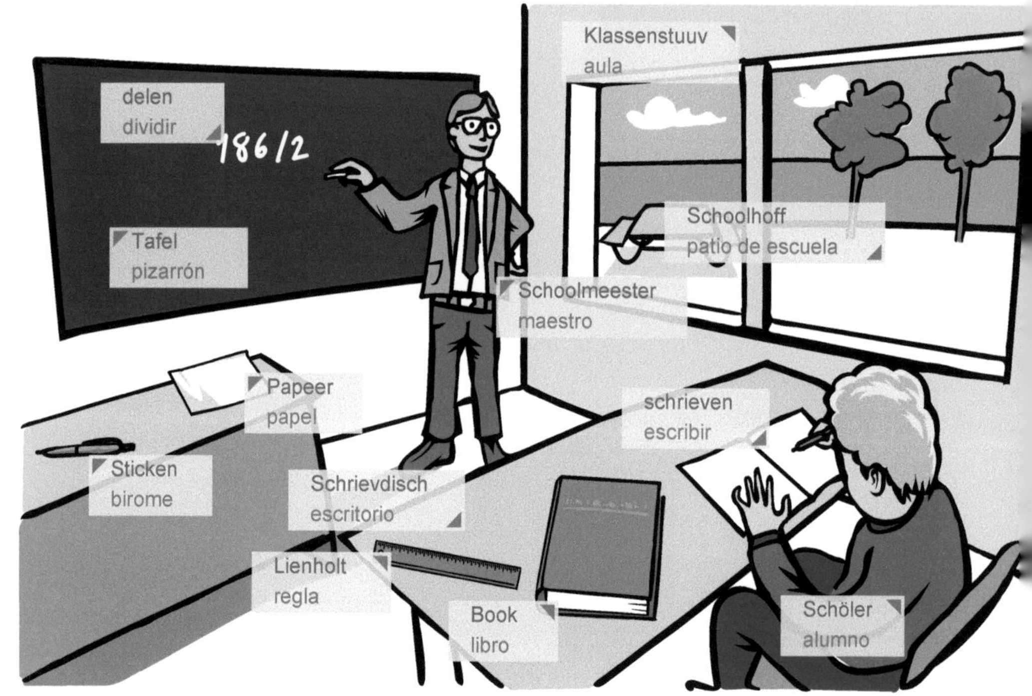

Klassenstuuv
aula
delen
dividir
186/2
Tafel
pizarrón
Schoolhoff
patio de escuela
Schoolmeester
maestro
Papeer
papel
schrieven
escribir
Sticken
birome
Schrievdisch
escritorio
Lienholt
regla
Book
libro
Schöler
alumno

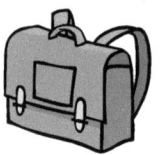

Ranzel

mochila

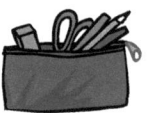

Feddermapp

caja de lápices

Bleesticken

lápiz

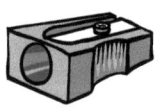

Scharpmaker

sacapuntas

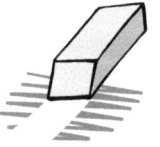

Radeergummi

goma (de borrar)

Tekenblock

bloc de dibujo

Teken

dibujo

Pinsel

pincel

Malkassen

caja de pinturas

Scheer

tijera

Klever

pegamento

Heft to'n Öven

cuaderno de ejercicios

Huusopgaav

tarea

12

Tall

número

2+2

tohooptellen

sumar

5-2

aftrecken

restar

2×2

malnehmen

multiplicar

reken

calcular

A

Bookstaav

letra

ABCDEFG HIJKLMN OPQRSTU VWXYZ

ABC

abecedario

hello

Woort

palabra

Text
....
texto

lesen
....
leer

Kried
....
tiza

Stunn
....
lección

Klassenbook
....
cuaderno de clase

Pröven
....
examen

Tüügnis
....
certificado

Schooluniform
....
uniforme escolar

Utbillen
....
educación

Nakieksel
....
enciclopedia

Universität
....
universidad

Mikroskop
....
microscopio

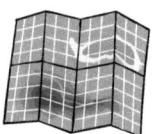

Koort
....
mapa

Papeerkorf
....
tacho (de basura)

Törn

viaje

Hotel
hotel
Grand
Harbarg
hostel
ROOMS
EXCHANGE
Wesselstuuv
casa de cambio
Kuffer
valija
Auto
auto

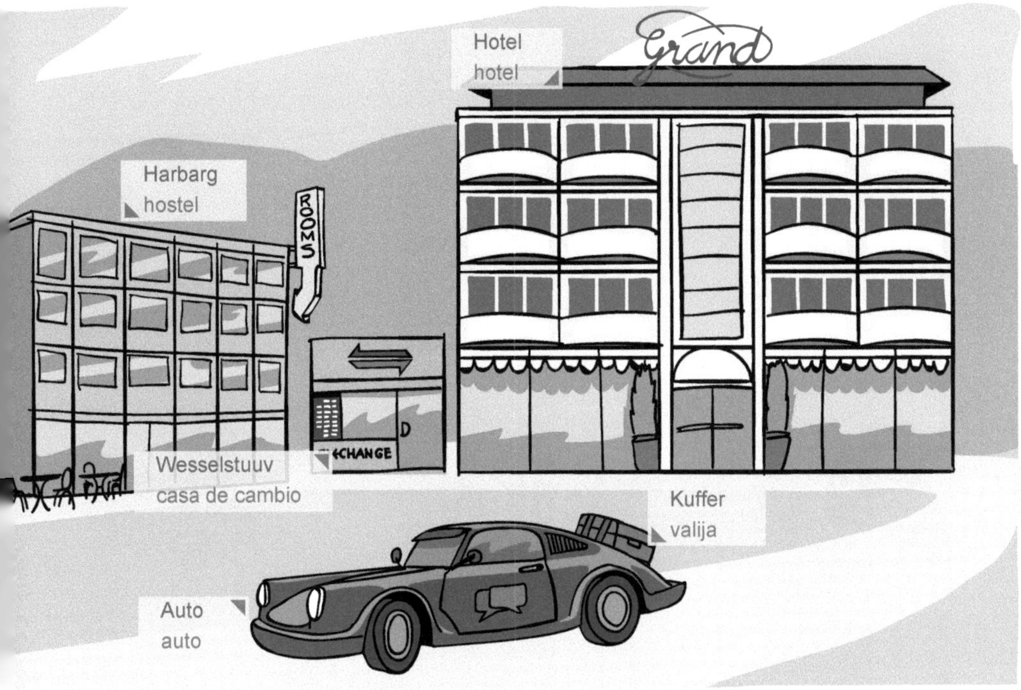

Spraak

idioma

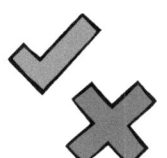

jo / ne

sí / no

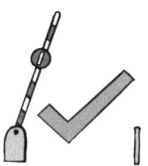

Jo

Está bien

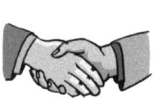

Moin

hola

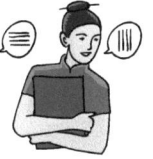

Översetter

traductor

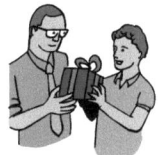

Dank ok

Gracias

Wat kost…?

¿cuánto cuesta…?

Ik verstah nich

No entiendo

Problem

problema

Goden Avend

¡Buenas tardes!

Moin!

¡Buenos días!

Gode Nacht!

¡Buenas noches!

Tschüüs

adiós

Richt

dirección

Bagaasch

equipaje

Tasch

bolso

Rüchsack

mochila

Gast

invitado

Stuuv

habitación

Slaapsack

bolsa de dormir

Telt

carpa

Touristeninformatschoon

información turística

Strand

playa

Kreditkoort

tarjeta de crédito

Fröhstück

desayuno

Meddageten

almuerzo

Avendeten

cena

Fohrkort

pasaje

Fohrstohl

ascensor

Breefmark

sello

Grenz

frontera

Toll

aduana

Bottschop

embajada

Visum

visa

Pass

pasaporte

Transport
transporte

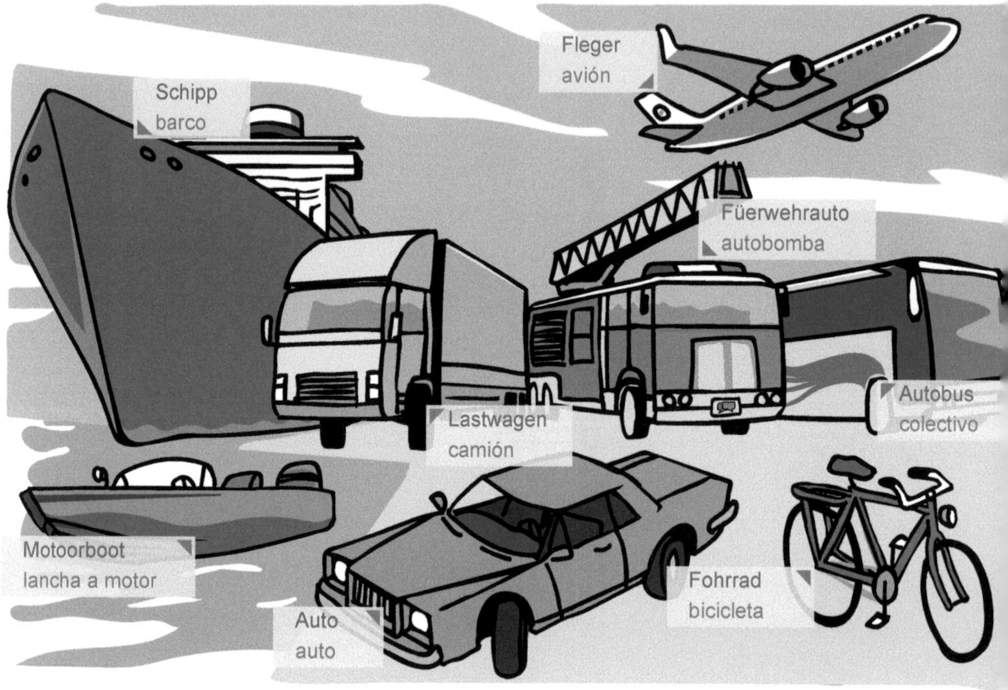

Fleger
avión
Schipp
barco
Füerwehrauto
autobomba
Autobus
colectivo
Lastwagen
camión
Motoorboot
lancha a motor
Fohrrad
bicicleta
Auto
auto

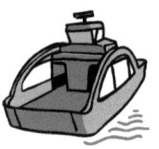

Fähr

ferry

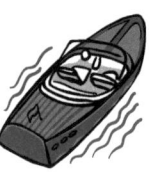

Boot

bote

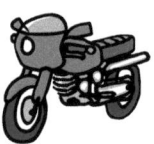

Motoorrad

moto

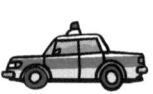

Polizeiauto

patrullero

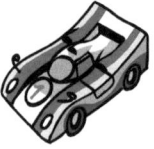

Rönnauto

auto de carreras

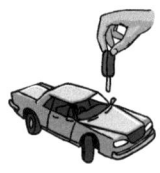

Lehnwagen

auto de alquiler

Carsharing

alquiler de autos

Afsleepwagen

grúa

Müllauto

camión de basura

Motoor

motor

Kraftstoff

nafta

Tanksteed

estación de servicio

Verkehrsschild

señal de tránsito

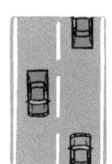

Verkehr

tránsito

Stau

embotellamiento

Afstellplatz

estacionamiento

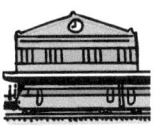

Bahnhoff

estación de tren

Sporen

vías

Tog

tren

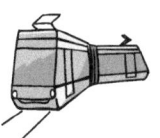

Stratenbahn

tranvía

Wagon

vagón

Dwarsmöhl

helicóptero

Flooghaven

aeropuerto

Tower

torre

Fohrgast

pasajero

Grootkist

contenedor

Karton

caja de cartón

Koor

carretilla

Korf

canasta

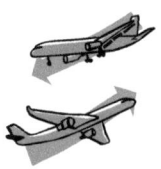

starten / lannen

despegar / aterrizar

Stadt
ciudad

Dörp

pueblo

Binnenstadt

centro de ciudad

Huus

casa

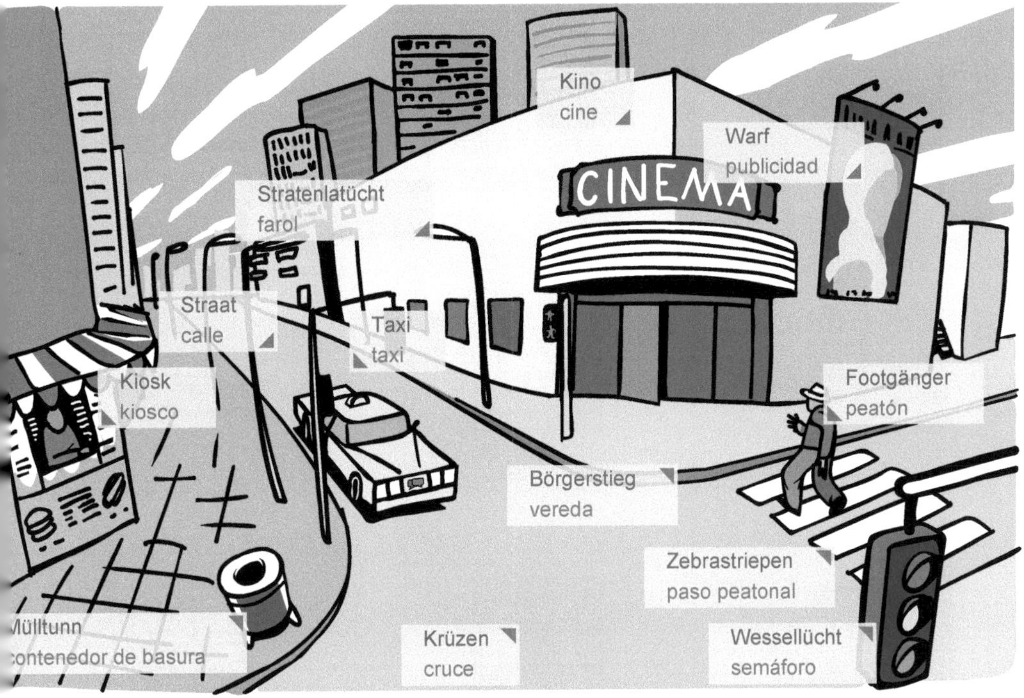

Kino
cine

Warf
publicidad

Stratenlatücht
farol

CINEMA

Straat
calle

Taxi
taxi

Footgänger
peatón

Kiosk
kiosco

Börgerstieg
vereda

Zebrastriepen
paso peatonal

Mülltunn
contenedor de basura

Krüzen
cruce

Wessellücht
semáforo

Hütt

cabaña

Wahnung

departamento

Bahnhoff

estación de tren

Raathuus

municipalidad

Museum

museo

School

colegio

Universität

universidad

Bank

banco

Krankenhuus

hospital

Hotel

hotel

Afteek

farmacia

Büro

oficina

Bookhökerie

librería

Hökerie

negocio

Blomenhökerie

florería

Supermarkt

supermercado

Markt

mercado

Koophuus

grandes tiendas

Fischhökerie

pescadería

Inkoopszentrum

centro comercial

Haven

puerto

Parkanlaag

parque

Bank

banco

Brüch

puente

Trepp

escaleras

Ünnergrundbahn

subte

Tunnel

túnel

Busstoppsteed

parada del colectivo

Bar

bar

Spieslokal

restaurante

Breefkassen

buzón

Stratenschild

letrero

Parkklock

parquímetro

Deertenpark

zoológico

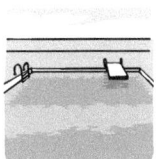

Baadanstalt

pileta

Moschee

mezquita

Buernhoff

granja

Ümweltversmudden

contaminación

Karkhoff

cementerio

Kark

iglesia

Speelplatz

juegos infantiles

Tempel

templo

Landschop
paisaje

Blatt
hoja

Wiespahl
poste indicador

Weg
camino

Wisch
pradera

Steen
piedra

Wannerer
excursionista

Boom
árbol

Fluss
río

Gras
hierba

Bloom
flor

Daal

valle

Barg

montaña

See

lago

Holt

bosque

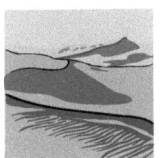

Wööst

desierto

Füerspien Barg

volcán

Slott

castillo

Regenbagen

arco iris

Poggenstohl

champiñón

Palm

palmera

Steekmück

mosquito

Fleeg

mosca

Miegeemk

hormiga

Imm

abeja

Spinn

araña

Sebber

escarabajo

Pogg

rana

Katteker

ardilla

Swienegel

erizo

Haas

liebre

Uul

lechuza

Vagel

pájaro

Swaan

cisne

Wildswien

jabalí

Hirsch

ciervo

Elk

alce

Staudamm

presa

Windrad

aerogenerador

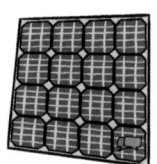

Solarmodul

panel solar

Klima

clima

Spieslokal
restaurante

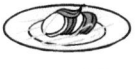

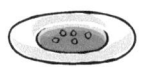

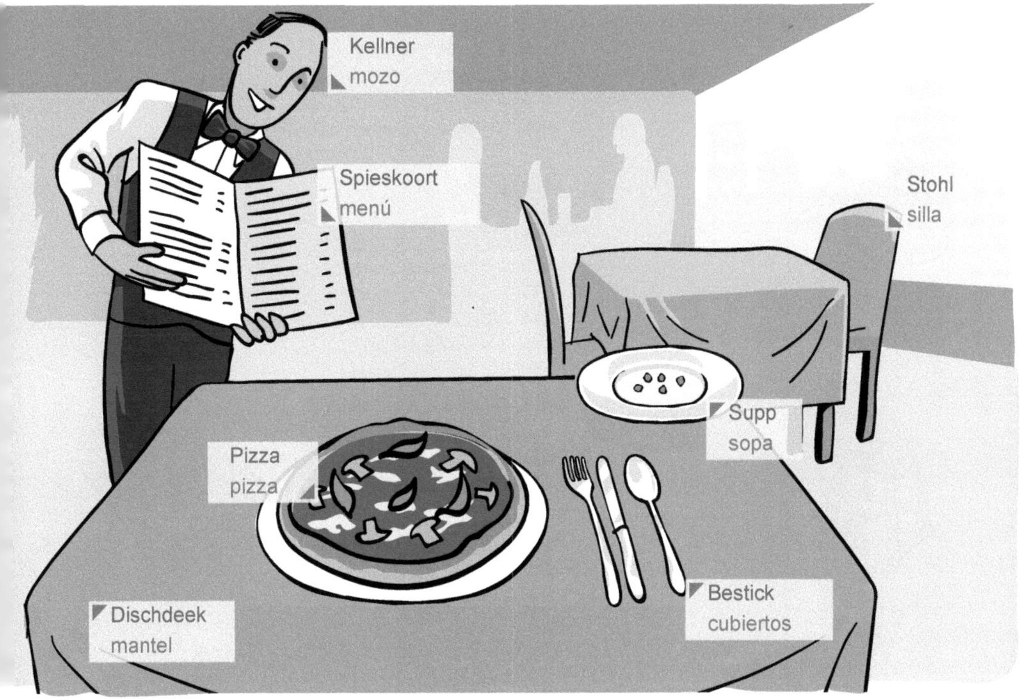
Kellner
mozo
Spieskoort
menú
Stohl
silla
Supp
sopa
Pizza
pizza
Bestick
cubiertos
Dischdeek
mantel

Vörspies

entrada

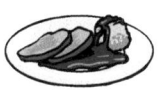

Haupteten

plato principal

Nadisch

postre

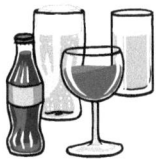

Drünk

bebidas

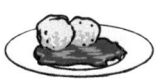

Eten

comida

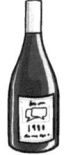

Buddel

botella

Fastfood

comida rápida

Strateneten

comida callejera

Teekann

tetera

Zuckerdoos

azucarera

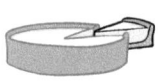

Portschoon

porción

Espressomaschien

cafetera expreso

Hoochstohl

sillita alta

Reken

cuenta

Tablett

bandeja

Mess

cuchillo

Gavel

tenedor

Lepel

cuchara

Teelepel

cucharita

Munddook

servilleta

Glas

vaso

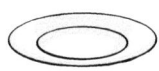

Töller

plato

Suppentöller

plato hondo

Ünnertass

plato

Sooß

salsa

Soltstreuer

salero

Pepermöhl

molinillo de pimienta

Etig

vinagre

Ööl

aceite

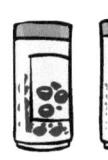

Krüder

especias

Ketchup

kétchup

Mostrich

mostaza

Mayonnaise

mayonesa

Supermarkt
supermercado

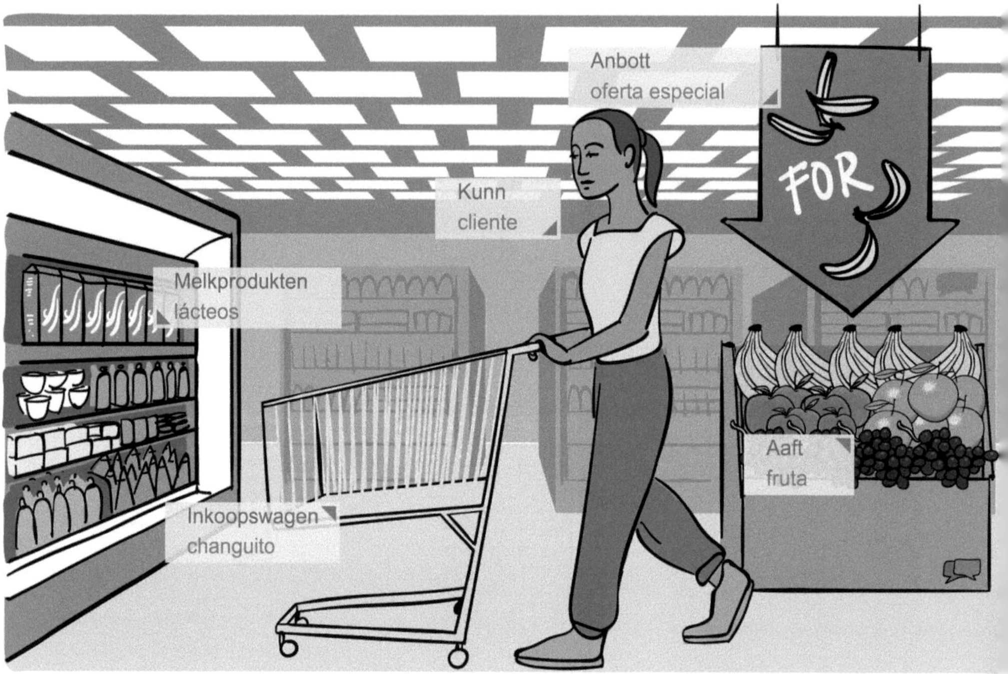

Anbott
oferta especial
FOR
Kunn
cliente
Melkprodukten
lácteos
Aaft
fruta
Inkoopswagen
changuito

BUTCHERS

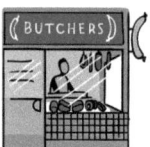

Slachterie

carnicería

BAKERY

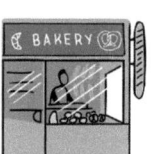

Bäckerie

panadería

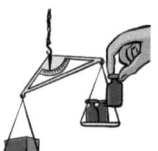

wegen

pesar

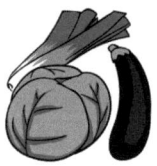

Gröönsaken

verduras

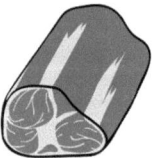

Fleesch

carne

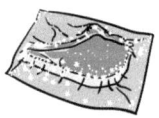

Deepköhlkost

alimentos congelados

Opsnitt

fiambres

Konserven

alimentos enlatados

Waschmiddel

detergente en polvo

Snoopkraam

golosinas

Huushooltssaken

electrodomésticos

Reinmaaktüüch

productos de limpieza

Verköpersche

vendedora

Kass

caja

Kasserer

cajero

Inkoopslist

lista de compras

Opsparrtieden

horario de atención

Breeftasch

billetera

Kreditkoort

tarjeta de crédito

Tasch

cartera

Plastiktüüt

bolsa de plástico

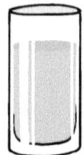

Water

agua

Saft

jugo

Melk

leche

Cola

bebida cola

Wien

vino

Beer

cerveza

Spriet

alcohol

Kakao

cacao

Tee

té

Koffie

café

Espresso

café expreso

Cappucino

cappuccino

Banaan

banana

Appel

manzana

Appelsien

naranja

Meloon

melón

Zitroon

limón

Wöttel

zanahoria

Knuuvlook

ajo

Bambus

bambú

Zibbel

cebolla

Poggenstohl

champiñón

Nööt

nueces

Nudeln

fideos

Spaghetti

tallarines

Ries

arroz

Salat

ensalada

Pommes frites

papas fritas

Braadkantüffeln

papas fritas

Pizza

pizza

Hamborger

hamburguesa

Sandwich

sándwich

Snitzel

churrasco

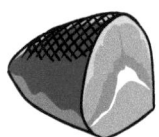

Schinken

jamón

Salami

salame

Wust

salchicha

Hohn

pollo

Braden

asado

Fisch

pescado

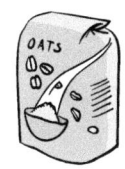

Haverflocken

copos de avena

Müsli

muesli

Cornflakes

copos de maíz

Mehl

harina

Croissant

medialuna

Rundstück

pancito

Broot

pan

Toast

tostada

Keksen

galletitas

Botter

manteca

Quark

cuajada

Koken

torta

Ei

huevo

Spegelei

huevo frito

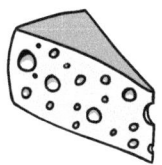

Kees

queso

Ijs
helado

Zucker
azúcar

Honnig
miel

Marmelaad
mermelada

Nougat-Creme
pasta de chocolate

Curry
curry

Buernhoff
granja

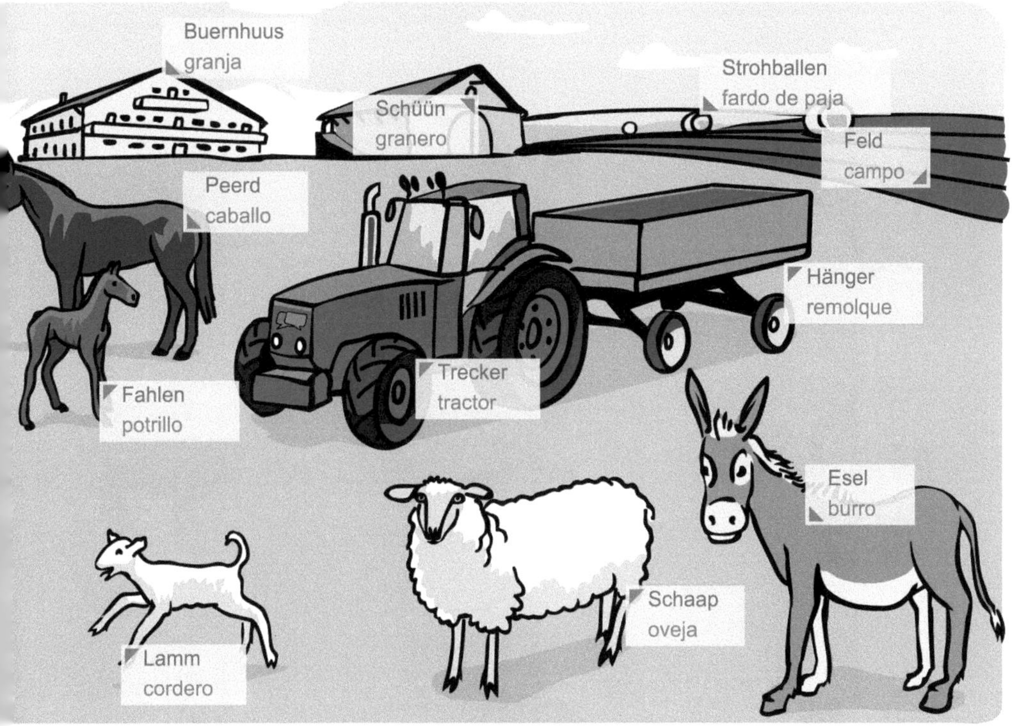

Buernhuus
granja
Schüün
granero
Strohballen
fardo de paja
Feld
campo
Peerd
caballo
Hänger
remolque
Trecker
tractor
Fahlen
potrillo
Esel
burro
Schaap
oveja
Lamm
cordero

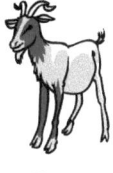

Zeeg

cabra

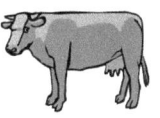

Koh

vaca

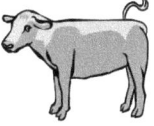

Kalf

ternero

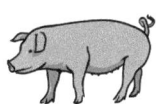

Swien

cerdo

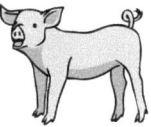

Farken

lechón

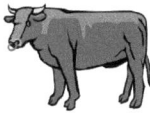

Bull

toro

Goos

ganso

Aant

pato

Küken

pollo

Hohn

gallina

Hahn

gallo

Rott

rata

Katt

gato

Muus

ratón

Oss

buey

Hund

perro

Hunnenhütt

cucha

Goornslauch

manguera

Geetkann

regadera

Lee

guadaña

Ploog

arado

Sich

hoz

Hack

azada

Mestfork

horquilla

Ext

hacha

Schuufkoor

carretilla

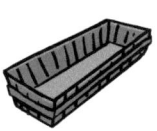

Trog

abrevadero

Melkkann

lechera

Sack

bolsa

Tuun

reja

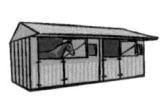

Stall

establo

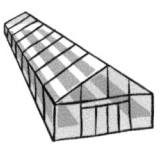

Drievhuus

invernadero

Bodden

suelo

Saat

semilla

Dünger

fertilizador

Meihdöscher

cosechadora

oornen
cosechar

Oorn
cosecha

Yamswöttel
batatas

Weten
trigo

Soja
soja

Kantüffel
papa

Törksche Weten
maíz

Rapp
semilla de colza

Aaftboom
árbol frutal

Troopsch Kantüffel
mandioca

Koorn
cereales

Huus

casa

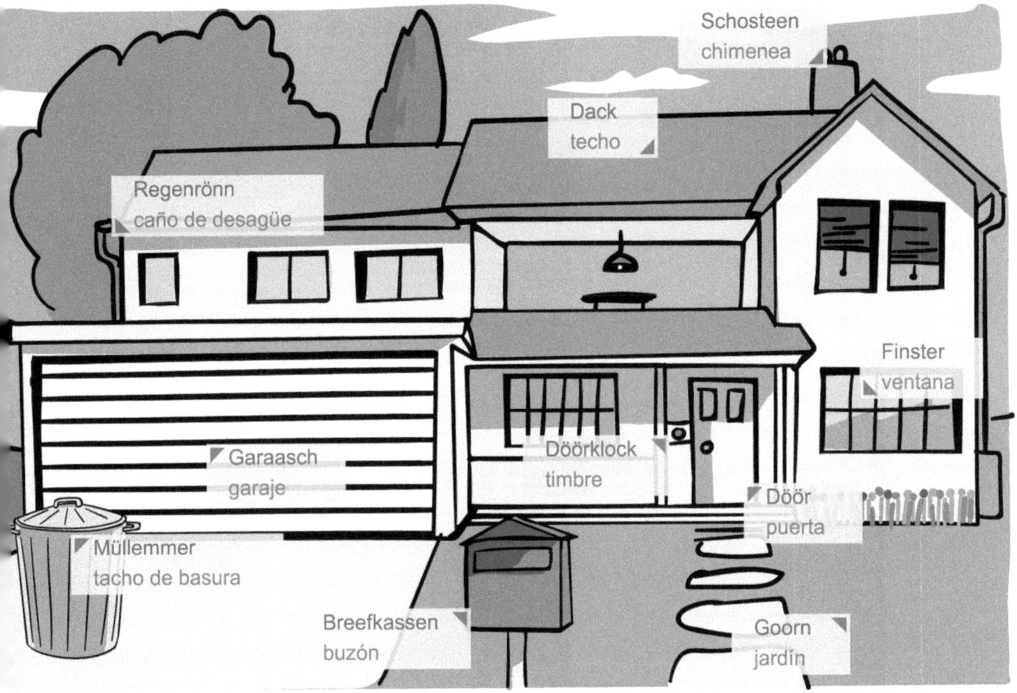
Schosteen
chimenea
Dack
techo
Regenrönn
caño de desagüe
Finster
ventana
Garaasch
garaje
Döörklock
timbre
Döör
puerta
Müllemmer
tacho de basura
Breefkassen
buzón
Goorn
jardín

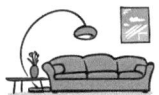

Wahnstuuv

living

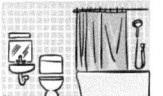

Baadstuuv

baño

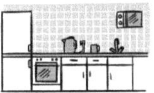

Köök

cocina

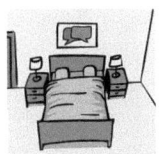

Slaapstuuv

dormitorio

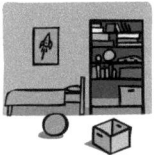

Kinnerstuuv

cuarto de los chicos

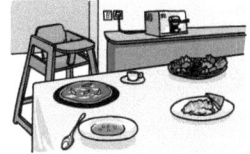

Eetstuuv

comedor

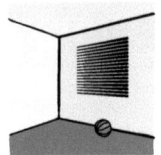

Footbodden

piso

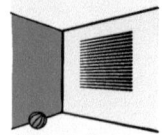

Wand

pared

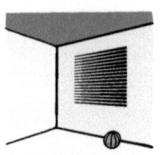

Deek

cielorraso

Keller

sótano

Hittluftbad

sauna

Balkon

balcón

Terrass

terraza

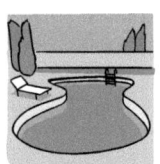

Swümmbad

pileta

Rasenmeiher

cortadora de pasto

Bettbetog

sábana

Bettdeek

acolchado

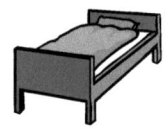

Puuch

cama

Bessen

escoba

Emmer

balde

Schalter

interruptor

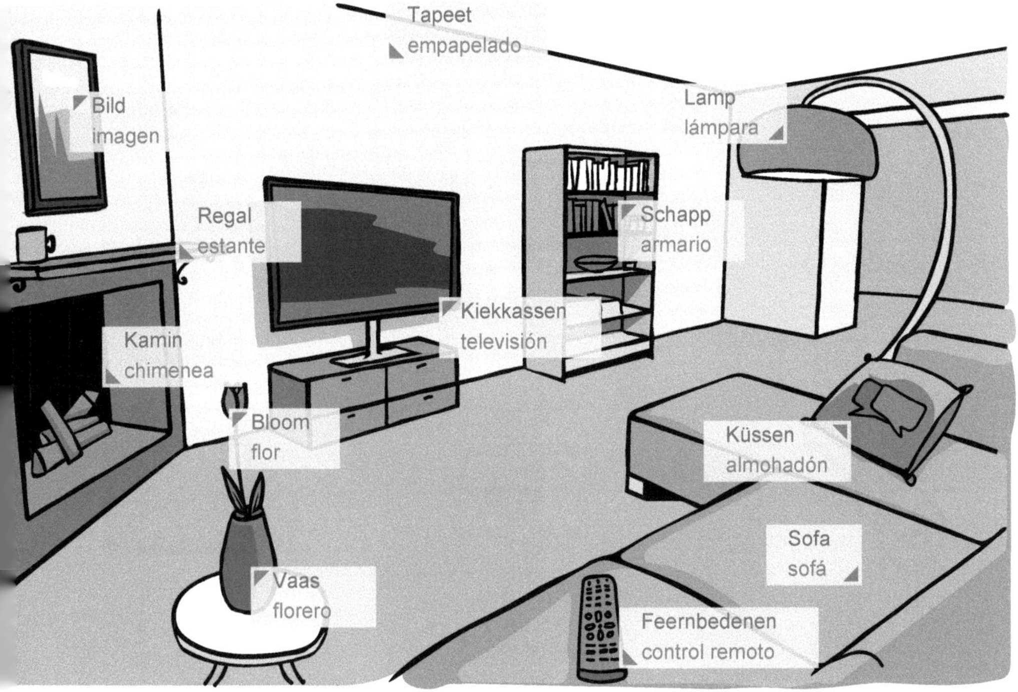

Tapeet
empapelado

Bild
imagen

Lamp
lámpara

Regal
estante

Schapp
armario

Kiekkassen
televisión

Kamin
chimenea

Bloom
flor

Küssen
almohadón

Sofa
sofá

Vaas
florero

Feernbedenen
control remoto

Teppich

alfombra

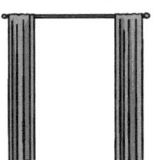

Vörhang

cortina

Disch

mesa

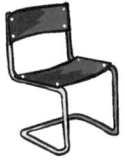

Stohl

silla

Schuckelstohl

mecedora

Sessel

sillón

Book
libro

Deek
frazada

Dekoratschoon
decoración

Füerholt
leña

Film
película

Stereoanlaag
equipo de música

Slötel
llave

Narichtenblatt
diario

Gemälde
pintura

Poster
póster

Radio
radio

Opschrievblock
cuaderno

Huulbessen
aspiradora

Kaktus
cactus

Kars
vela

Köök
cocina

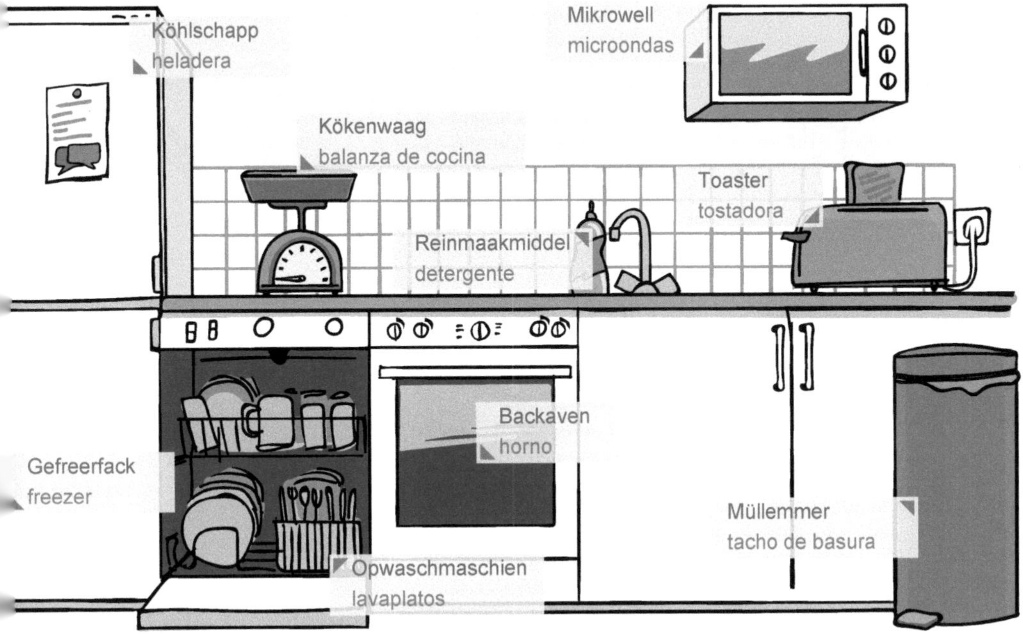

Köhlschapp
heladera
Mikrowell
microondas
Kökenwaag
balanza de cocina
Toaster
tostadora
Reinmaakmiddel
detergente
Backaven
horno
Gefreerfack
freezer
Müllemmer
tacho de basura
Opwaschmaschien
lavaplatos

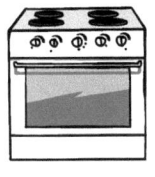

Heerd

cocina

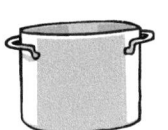

Pott

olla

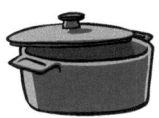

Gussiesern Putt

olla de hierro fundido

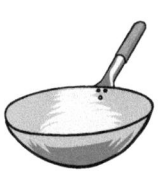

Wok / Kadai

wok

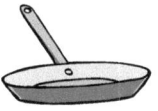

Pann

sartén

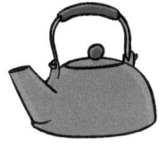

Waterkaker

pava

Dampkaakputt

vaporera

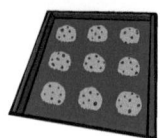

Backblick

bandeja de horno

Geschirr

vajilla

Beker

taza

Schaal

bol

Eetsticken

palitos

Suppenkell

cucharón

Pannenwenner

estpátula

Sneebessen

batidora

Kaakseef

colador

Seef

colador

Riev

rallador

Mörser

mortero

Grill

parrilla

Füerstell

fogata

Sniedbrett
tabla de picar

Nudelholt
palo de amasar

Proppentrecker
sacacorchos

Doos
lata

Dosenaapner
abrelatas

Pottlappen
manopla

Waschbecken
pileta

Böst
cepillo

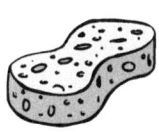

Swamm
esponja

Mixer
batidora

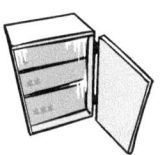

Iesschapp
congelador

Nuckelbuddel
mamadera

Waterhahn
canilla

Baadstuuv
baño

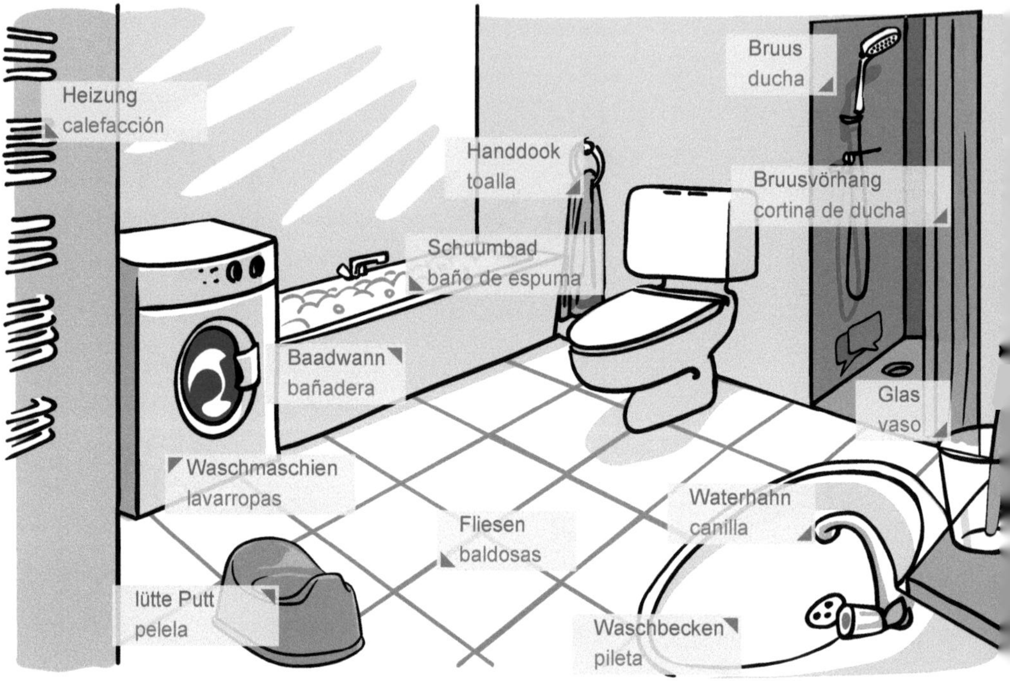
Heizung
calefacción
Handdook
toalla
Bruus
ducha
Bruusvörhang
cortina de ducha
Schuumbad
baño de espuma
Baadwann
bañadera
Glas
vaso
Waschmaschien
lavarropas
Waterhahn
canilla
Fliesen
baldosas
lütte Putt
pelela
Waschbecken
pileta

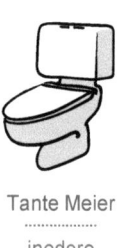

Tante Meier
inodoro

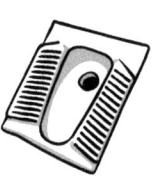

Hockklo
letrina

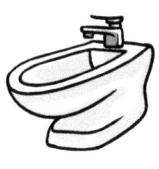

Bidet
bidé

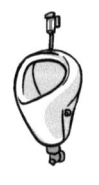

Miegbecken
mingitorio

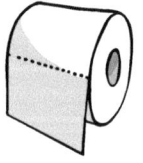

Klopapeer
papel higiénico

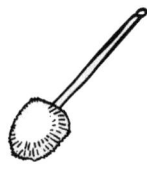

Kloböst
cepillo para el inodoro

Tähnböst

cepillo de dientes

Tähnpast

dentífrico

Tähnsied

hilo dental

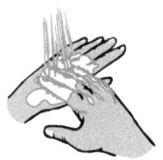

waschen

lavar

Handbruus

ducha de mano

Intimbruus

ducha higiénica

Waschschöttel

palangana

Rüchböst

cepillo para espalda

Seep

jabón

Bruusgeel

gel de ducha

Hoorwaschmiddel

shampoo

Waschlappen

toallita

Afloop

desagüe

Creme

crema

Deodorant

desodorante

Spegel

espejo

Kosmetikspegel

espejito

Raserer

maquinita de afeitar

Raseerschuum

espuma de afeitar

Raseerwater

aftershave

Kamm

peine

Böst

cepillo

Hoordröger

secador de pelo

Hoorspray

spray

Smink

maquillaje

Lippensticken

lápiz de labios

Nagellack

esmalte para uñas

Watt

algodón

Nagelscheer

tijera para uñas

Rüükwater

perfume

Kulturbüdel

portacosméticos

Schemel

banqueta

Waag

balanza

Baadmantel

bata

Gummihanschen

guantes de goma

Tampon

tampón

Damenbinn

toallita femenina

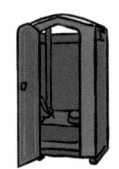

Chemieklo

baño químico

Kinnerstuuv

cuarto de los chicos

Wecker
despertador
Knudeldeert
peluche
Speeltüüchauto
coche de juguete
Klöter
sonajero
Poppenhuus
casa de muñecas
Geschenk
regalo

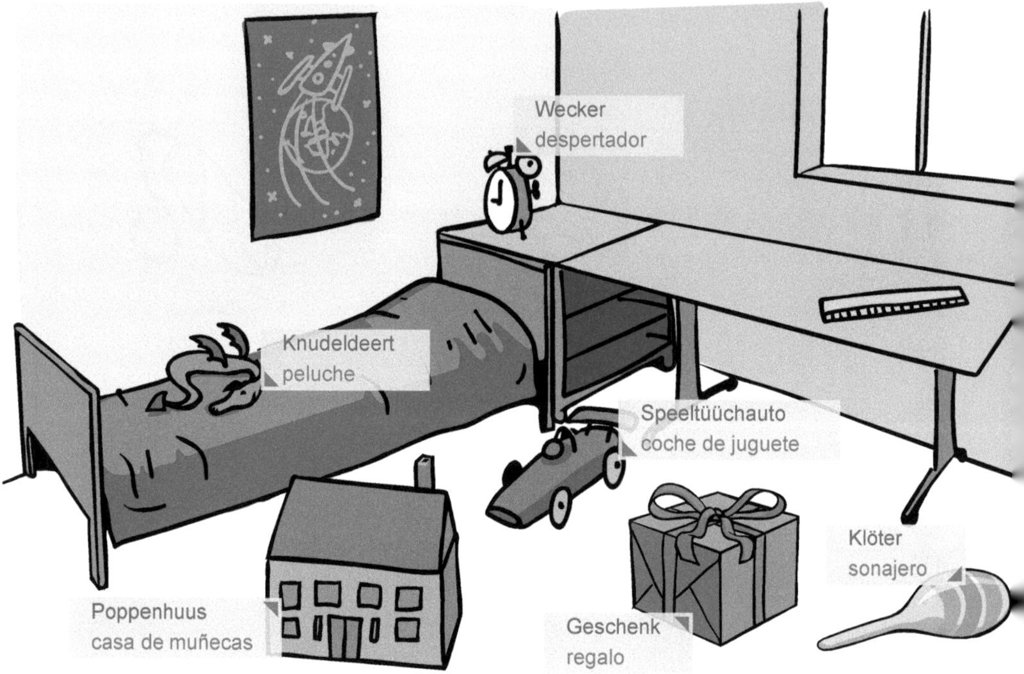

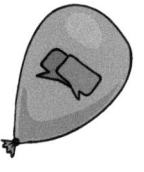

Luftballon

globo

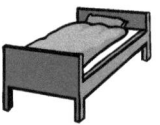

Puuch

cama

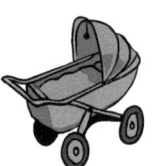

Kinnerwagen

cochecito

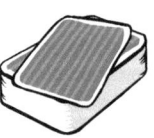

Koortenspeel

cartas

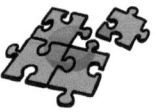

Puzzle

rompecabezas

SUPER
MEGA

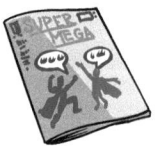

Billergeschicht

historieta

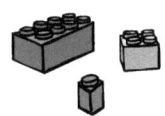

Legostenen

piezas de lego

Bustenen

ladrillos de juguete

Action-Figur

figura de acción

Strampelantog

enterito (de bebé)

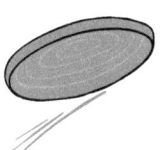

Frisbeeschiev

frisbee

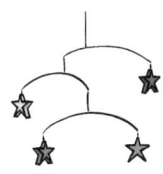

Mobile

móvil para bebés

Brettspeel

juego de mesa

Wörpel

dados

Modelliesenbahn

tren eléctrico

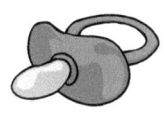

Snuller

chupete

Party

fiesta

Billerbook

libro de cuentos ilustrado

Ball

pelota

Popp

muñeca

spelen

jugar

Sandkassen

arenero

Schuckel

hamaca

Speeltüüch

juguetes

Speelkonsool

consola de videojuegos

Dreerad

triciclo

Teddyboor

osito de peluche

Klederschapp

armario

Tüüch

ropa

Socken

medias

Strümp

medias panty

Strumpbüx

calzas

Halsdook
bufanda

Paraplü
paraguas

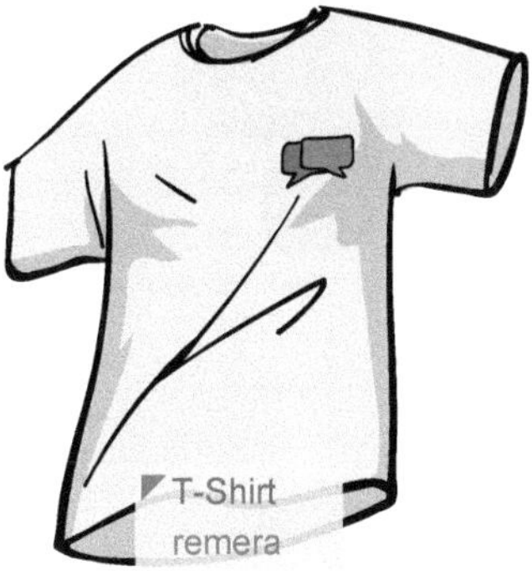

T-Shirt
remera

Liefreem
cinturón

Stevel
botas

Puuschen
pantuflas

Turnschoh
zapatillas

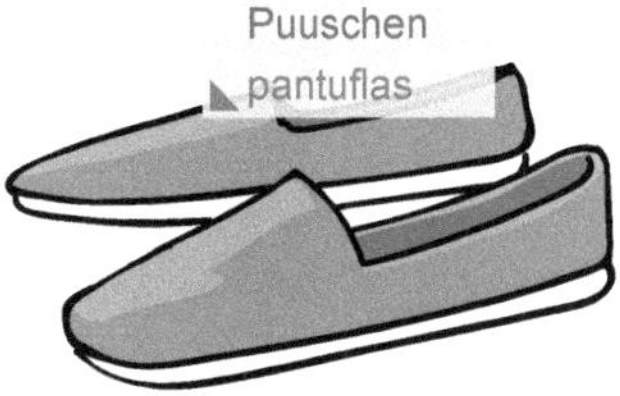

Sandalen
....
sandalias

Schoh
....
zapatos

Gummistevel
....
botas de goma

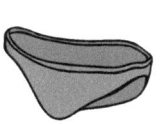

Ünnerbüx
....
ropa interior

Bostholler
....
corpiño

Ünnerhemd
....
chaleco

Lief

body

Büx

pantalones

Jeansnüx

jeans

Rock

pollera

Bluus

blusa

Hemd

camisa

Pullover

pulóver

Kapuzenpullover

buzo

Blazer

blazer

Jack

campera

Mantel

tapado

Övertrecker

piloto

Kostüm

traje

Kleed

vestido

Hochtietskleed

vestido de novia

Antog	Nachtkleed	Slaapantog
traje	camisón	pijama

Sari	Koppdook	Turban
sari	pañuelo para cabeza	turbante

Burka	Kaftan	Abaya
burka	caftán	abaya

Baadantog	Baadbüx	Korte Büx
traje de baño	short de baño	shorts

Antog to'n Öven	Schört	Handschoh
jogging	delantal	guantes

Knopp

botón

Brill

anteojos

Armband

pulsera

Halskeed

collar

Ring

anillo

Ohrbummel

aro

Mütz

gorra

Klederbögel

percha

Hoot

sombrero

Binner

corbata

Rietslüter

cierre

Helm

casco

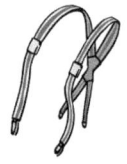

Drachtband

tiradores

Schooluniform

uniforme escolar

Uniform

uniforme

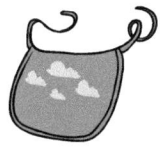

Severböten

babero

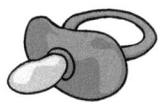

Snuller

chupete

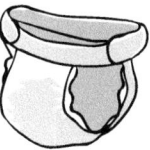

Winnel

pañal

Büro

oficina

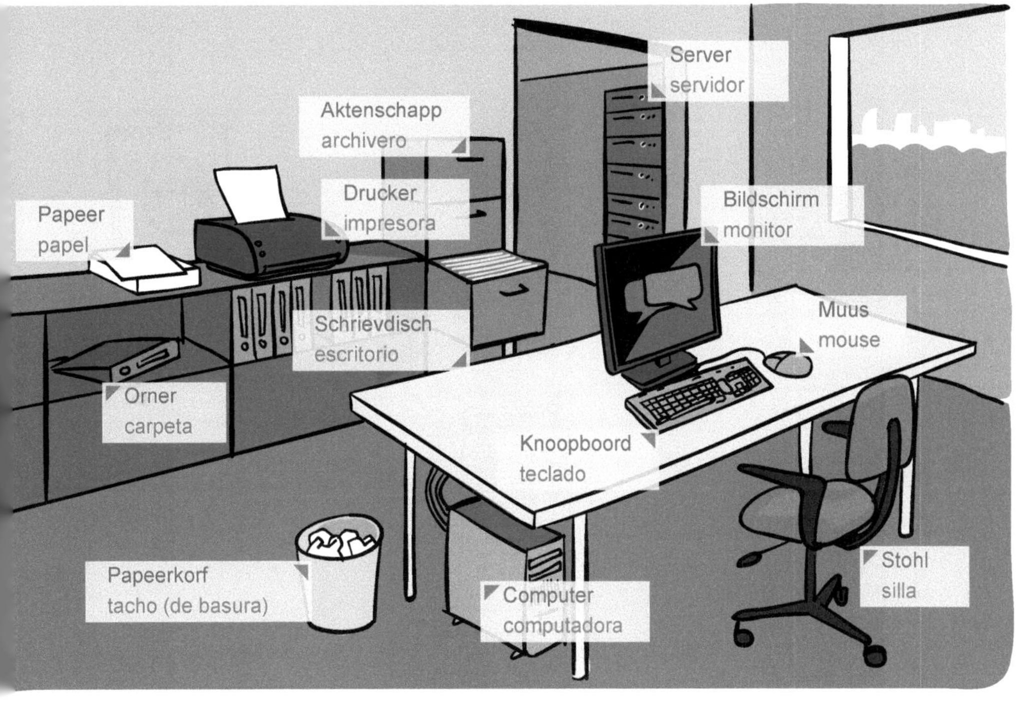
Server
servidor
Aktenschapp
archivero
Drucker
impresora
Bildschirm
monitor
Papeer
papel
Muus
mouse
Schrievdisch
escritorio
Orner
carpeta
Knoopboord
teclado
Papeerkorf
tacho (de basura)
Computer
computadora
Stohl
silla

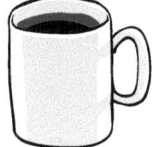

Koffiebeker

taza de café

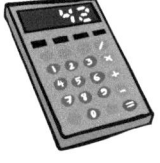

Taschenreekner

calculadora

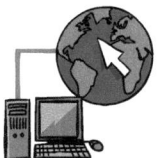

Internet

internet

Klappreekner

laptop

Breef

carta

Naricht

mensaje

Ackersnacker

celular

Nettwark

red

Kopeerapparat

fotocopiadora

Software

software

Klöönkassen

teléfono

Steekdoos

tomacorriente

Faxapparat

fax

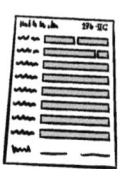

Formulor

formulario

Dokument

documento

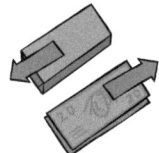

köpen

comprar

betahlen

pagar

hanneln

hacer negocios

Geld

dinero

USD

Dollar

dólar

EUR

Euro

euro

JPY

Yen

yen

RUB

Ruvel

rublo

CHF

Swiezer Franken

franco suizo

CNY

Renminbi Yuan

yuan

INR

Rupie

rupia

Geldautomat

cajero automático

Wesselstuuv

casa de cambio

Gold

oro

Sülver

plata

Ööl

petróleo

Energie

energía

Pries

precio

Verdrag

contrato

Stüer

impuesto

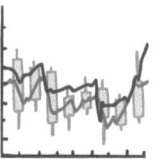

Andeelschien

acción

arbeiden

trabajar

Anstellte

empleado

Arbeitgever

empleador

Fabrik

fábrica

Hökerie

negocio

Profeschonen
ocupaciones

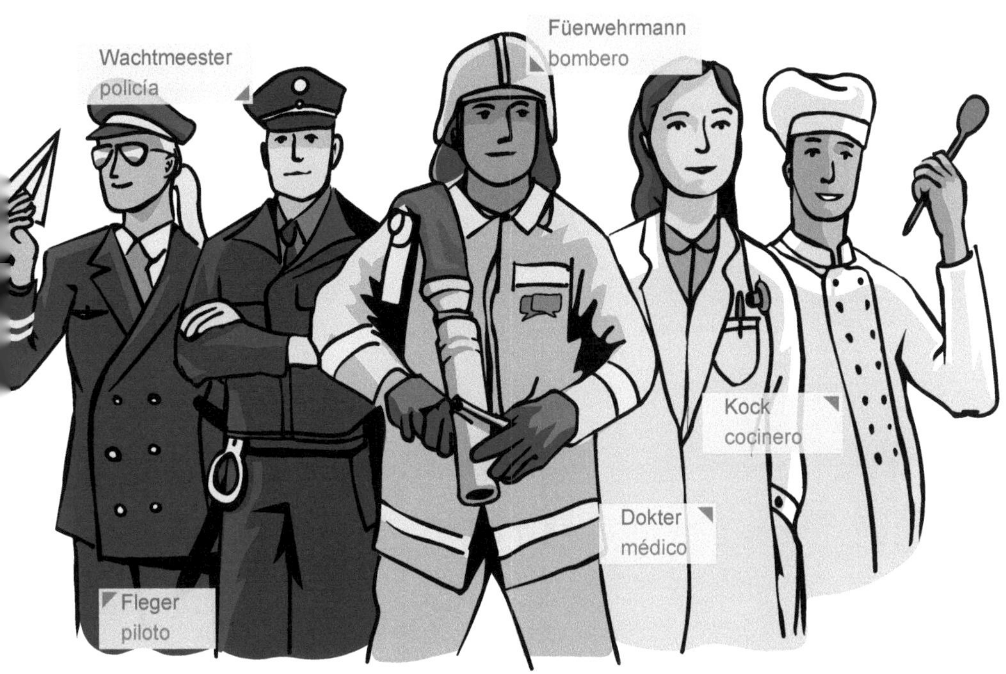
Wachtmeester
policía
Füerwehrmann
bombero
Kock
cocinero
Dokter
médico
Fleger
piloto

Goorner

jardinero

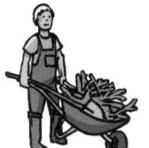

Discher

carpintero

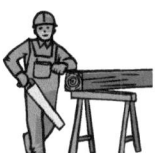

Neihersche

modista

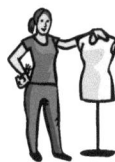

Richter

juez

Chemiker

farmacéutico

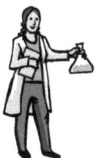

Schauspeler

actor

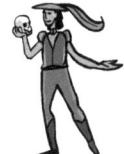

Busfohrer

colectivero

Taxifohrer

taxista

Fischer

pescador

Reinmaakfru

mucama

Dackdecker

techista

Kellner

mozo

Jäger

cazador

Maler

pintor

Bäcker

panadero

Elektriker

electricista

Buarbeider

albañil

Ingenieur

ingeniero

Slachter

carnicero

Klempner

plomero

Postbüdel

cartero

Suldat

soldado

Architekt

arquitecto

Kasserer

cajero

Florist

florista

Putzbüdel

peluquero

Schaffner

cobrador

Mechaniker

mecánico

Kaptein

capitán

Tähndokter

dentista

Wetenschopler

científico

Rabbi

rabino

Imam

imán

Mönk

monje

Paap

sacerdote

Warktüüch

herramientas

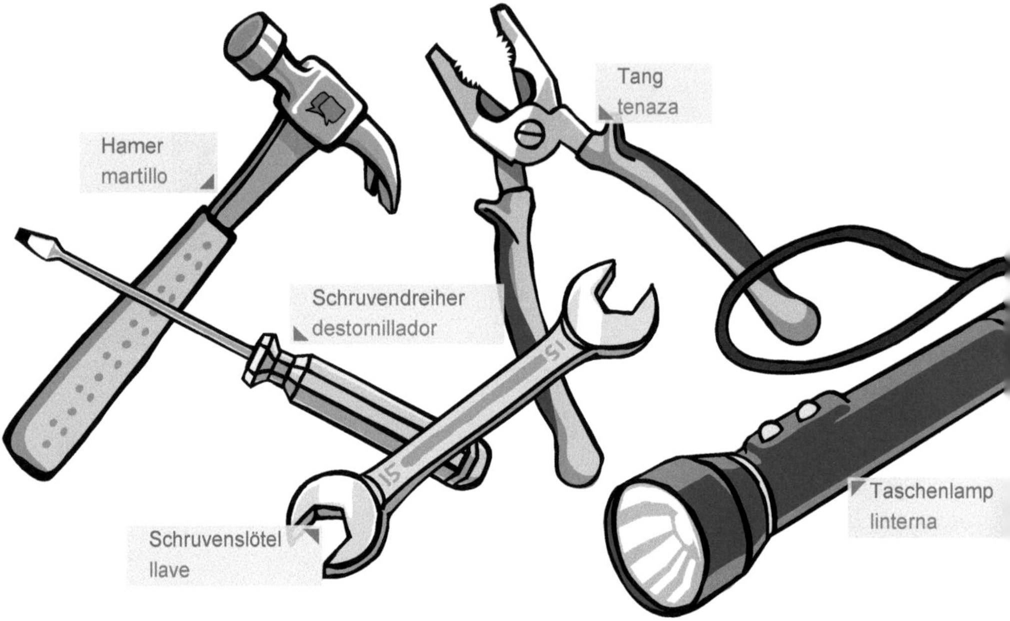

Tang
tenaza
Hamer
martillo
Schruvendreiher
destornillador
Taschenlamp
linterna
Schruvenslötel
llave

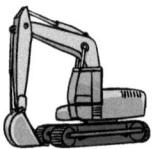

Grieper

excavadora

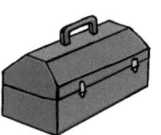

Warktüüchkassen

caja de herramientas

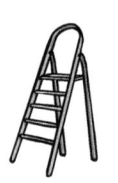

Ledder

escalera portátil

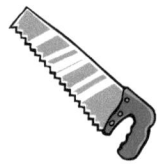

Saag

sierra

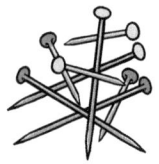

Nagels

clavos

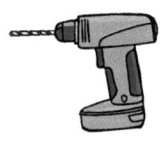

Bohrer

taladro

heelmaken
....
arreglar

Schüffel
....
pala de jardín

Schiet!
....
¡Qué bronca!

Kehrblick
....
pala de plástico

Farvpott
....
tacho de pintura

Schruven
....
tornillos

Musikinstrumenten
instrumentos musicales

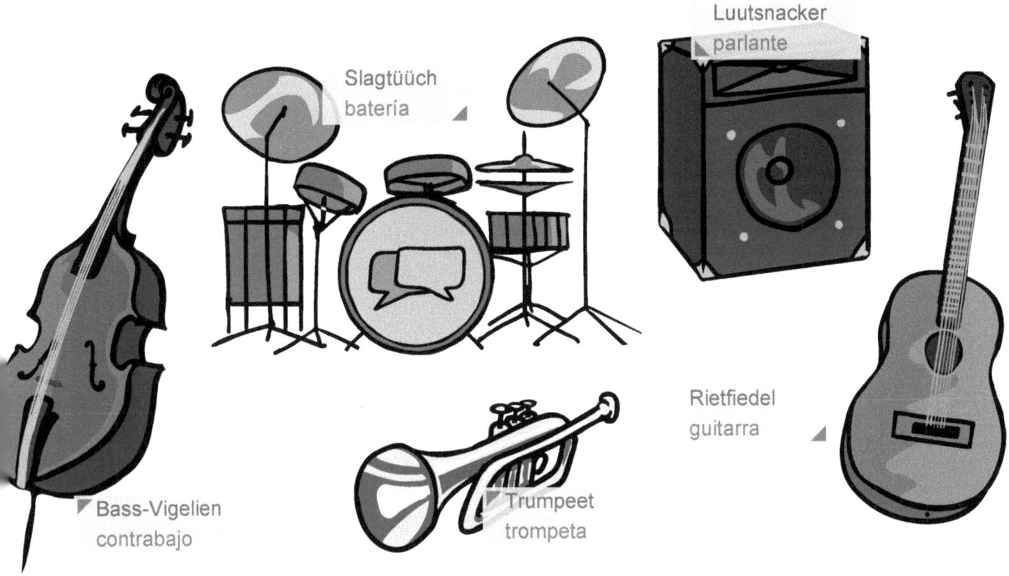

Luutsnacker
parlante

Slagtüüch
batería

Rietfiedel
guitarra

Bass-Vigelien
contrabajo

Trumpeet
trompeta

Klaveer

piano

Vigelien

violín

Bass

bajo

Pauk

timbales

Trummeln

tambor

Keyboard

teclado

Saxophon

saxofón

Fleut

flauta

Mikrofoon

micrófono

Deertenpark
zoológico

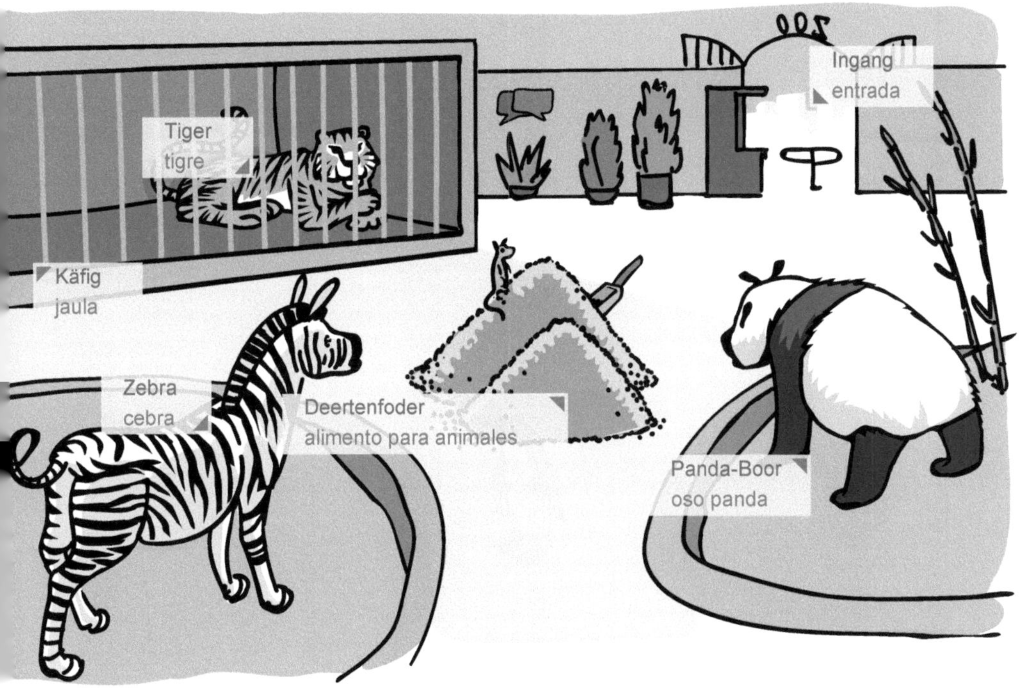
Ingang
entrada
Tiger
tigre
Käfig
jaula
Zebra
cebra
Deertenfoder
alimento para animales
Panda-Boor
oso panda

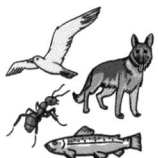

Deerten

animales

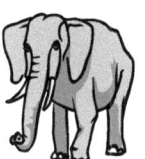

Elefant

elefante

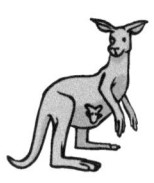

Känguru

canguro

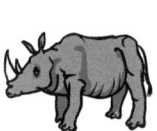

Neeshoorn

rinoceronte

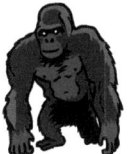

Gorilla

gorila

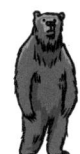

Boor

oso

Kameel

camello

Struuß

avestruz

Lööv

león

Aap

mono

Flamingo

flamenco

Papagoi

loro

Iesboor

oso polar

Pinguin

pingüino

Haifisch

tiburón

Pageluun

pavo real

Slang

serpiente

Krokodil

cocodrilo

Oppasser in'n Deertenpark

cuidador del zoológico

Saalhund

foca

Jaguor

jaguar

Pony

poni

Leopard

leopardo

Nilpeerd

hipopótamo

Giraff

jirafa

Aadler

águila

Wildswien

jabalí

Fisch

pescado

Schildkrööt

tortuga

Walross

morsa

Voss

zorro

Gazell

gacela

Amerikaansch Football
fútbol americano

Radfohren
ciclismo

Tennis
tenis

Korfball
básquet

Swümmen
natación

Boxen
boxeo

Ieshockey
hockey sobre hielo

Football
fútbol

Fedderball
bádminton

Leichtathletik
atletismo

Handball
handball

Skilopen
esquí

Polo
polo

Aktivitäten
actividades

springen
saltar
ümarmen
abrazar
lachen
reír
gahn
caminar
singen
cantar
drömen
soñar
beden
rezar
snuteln
besar

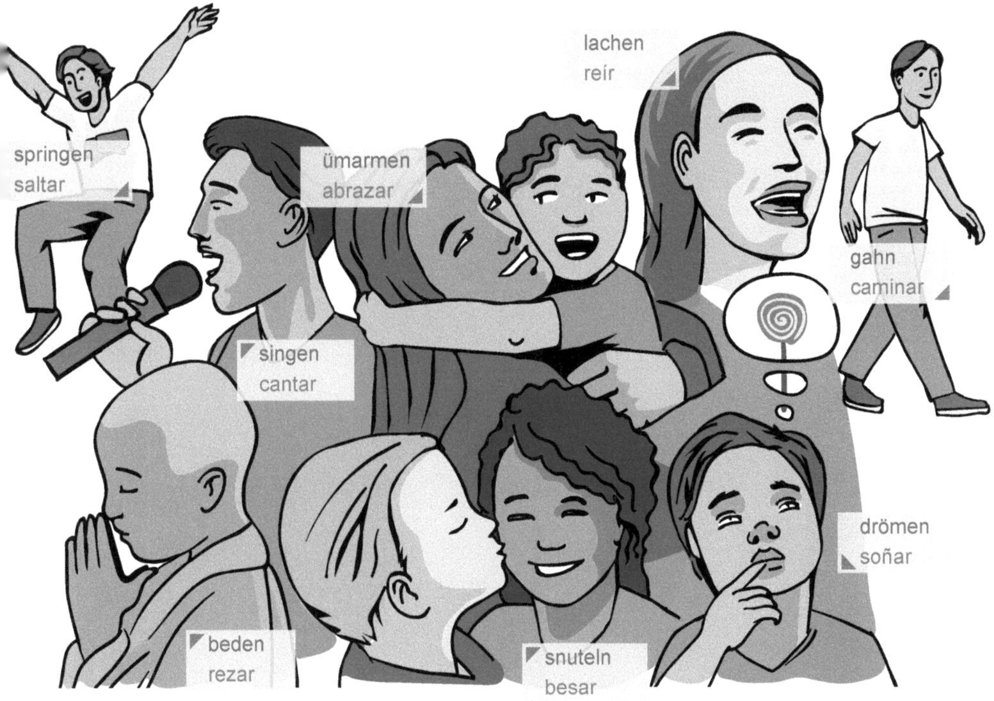

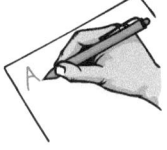

schrieven
escribir

teken
dibujar

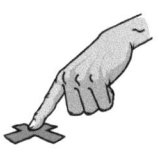

wiesen
mostrar

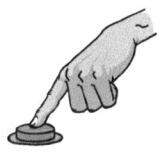

drücken
presionar

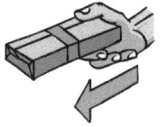

geven
dar

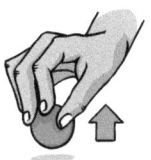

nehmen
tomar

hebben

tener

doon

hacer

sien

ser

stahn

estar parado

lopen

correr

trecken

tirar

smieten

tirar

fallen

caer

liggen

estar acostado

töven

esperar

dregen

llevar

sitten

estar sentado

antrecken

vestirse

slapen

dormir

opwaken

despertar

Aktivitäten - actividades

ankieken

mirar

wenen

llorar

eien

acariciar

kämmen

peinar

snacken

hablar

verstahn

entender

fragen

preguntar

hören

escuchar

drinken

beber

eten

comer

oprümen

ordenar

leefhebben

amar

kaken

cocinar

fohren

manejar

flegen

volar

segeln

navegar

reken

calcular

lesen

leer

lehren

aprender

arbeiden

trabajar

de Plünnen tohoopsmieten

casarse

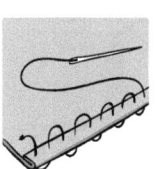

neihen

coser

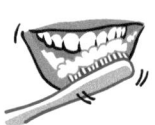

Tähnen putzen

cepillarse los dientes

dootmaken

matar

smöken

fumar

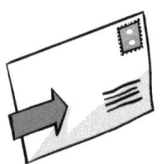

schicken

enviar

Familje
familia

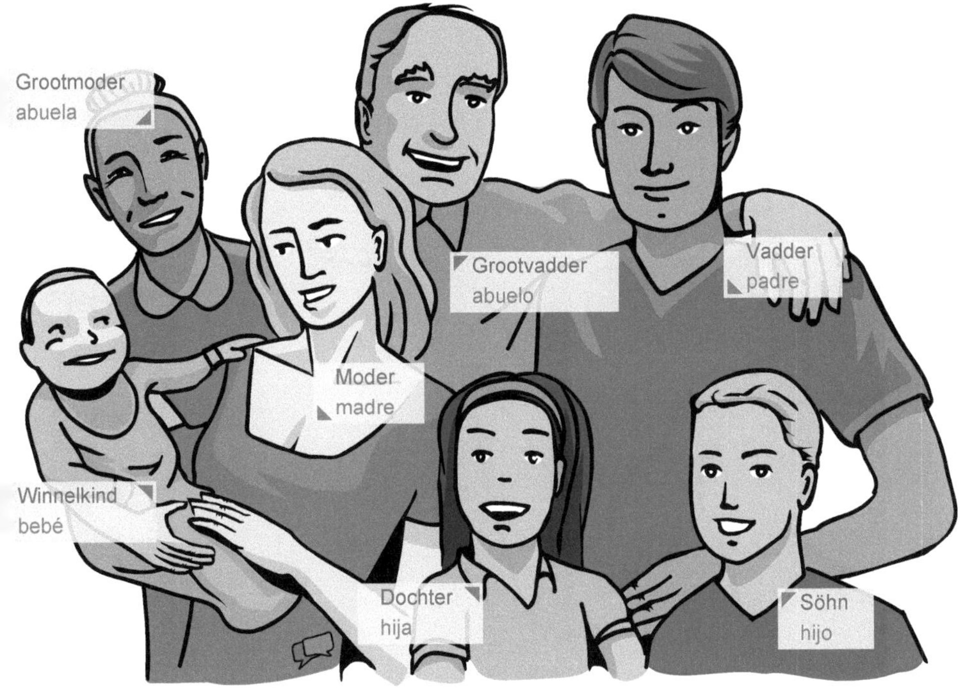
Grootmoder
abuela
Grootvadder
abuelo
Vadder
padre
Moder
madre
Winnelkind
bebé
Dochter
hija
Söhn
hijo

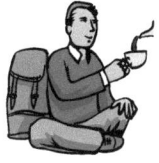

Gast
invitado

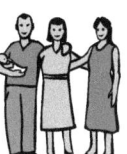

Tant
tía

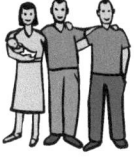

Unkel
tío

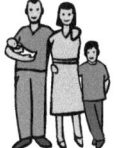

Broder
hermano

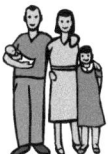

Süster
hermana

cuerpo

Vörkopp
frente

Oog
ojo

Schuller
hombro

Finger
dedo

Gesicht
cara

Kinn
pera

Hand
mano

Bost
pecho

Been
pierna

Arm
brazo

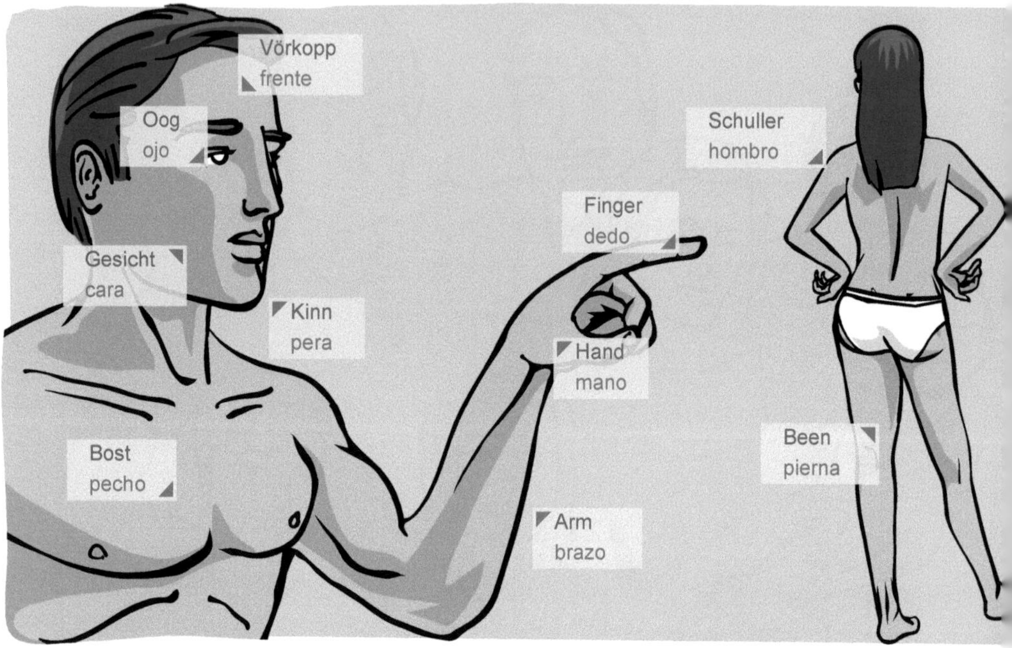

Winnelkind

bebé

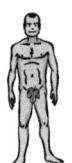

Mann

hombre

Fro

mujer

Deern

nena

Jung

nene

Arm

cabeza

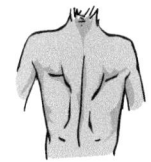

Rüch

espalda

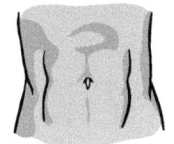

Buuk

panza

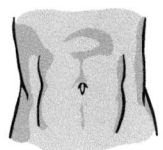

Navel

ombligo

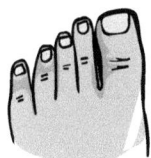

Teh

dedo del pie

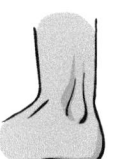

Hack

talón

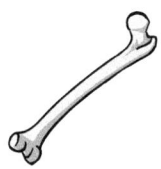

Knaken

hueso

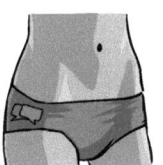

Hüft

cadera

Knee

rodilla

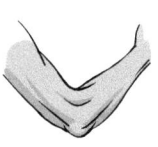

Ellbagen

codo

Nees

nariz

Achtersen

cola

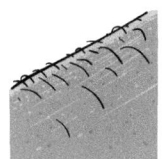

Huut

piel

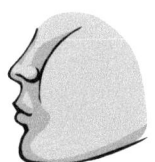

Back

cachete

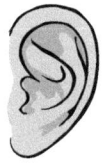

Ohr

oreja

Lipp

labio

Lief - cuerpo   69

Mund

boca

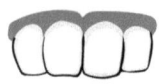

Tähn

diente

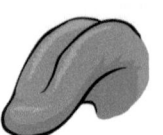

Tung

lengua

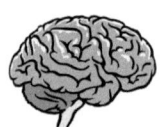

Bregen

cerebro

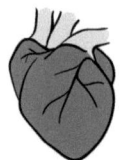

Hart

corazón

Muskel

músculo

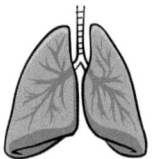

Lung

pulmón

Lever

hígado

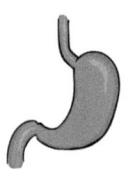

Maag

estómago

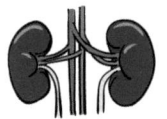

Neren

riñones

Bislaap

sexo

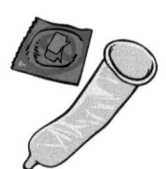

Kondoom

preservativo

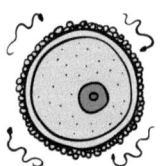

Eizell

óvulo

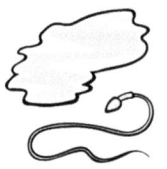

Sperma

semen

Anner Ümstänn

embarazo

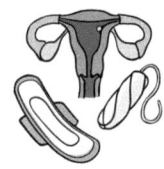

Menstruatschoon

menstruación

Scheed

vagina

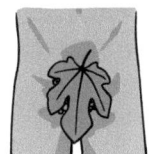

Pint

pene

Ogenbroe

ceja

Hoor

pelo

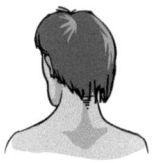

Hals

cuello

Krankenhuus
hospital

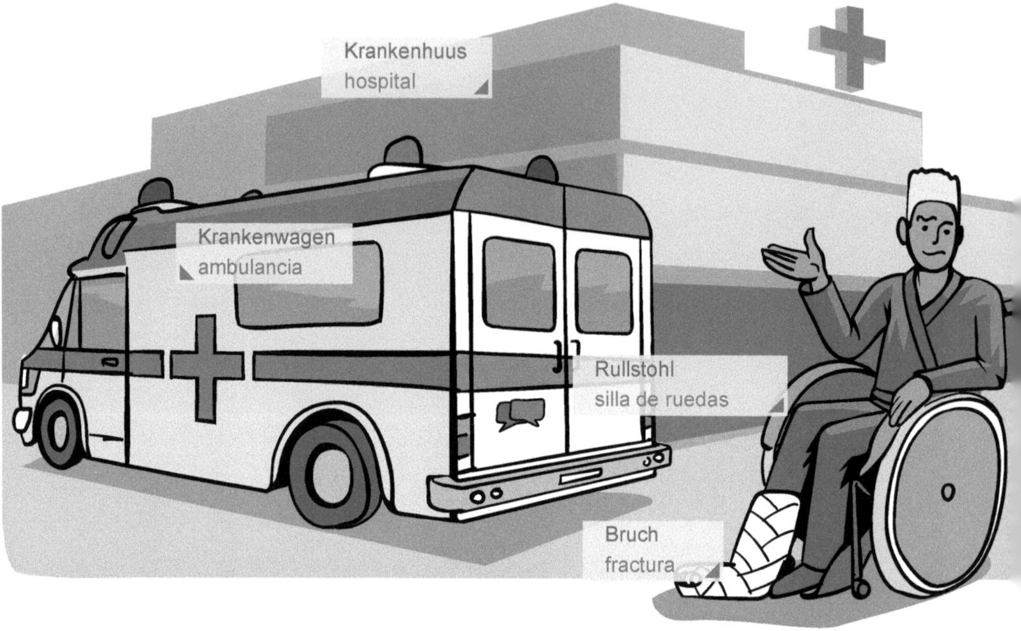

Krankenhuus
hospital
Krankenwagen
ambulancia
Rullstohl
silla de ruedas
Bruch
fractura

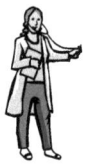

Dokter
médico

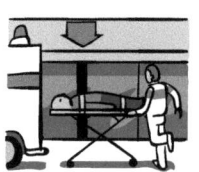

Nootopnahm
sala de guardia

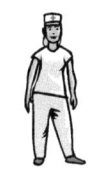

Krankensüster
enfermera

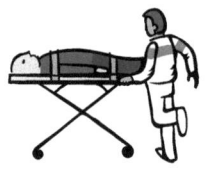

Nootfall
emergencia

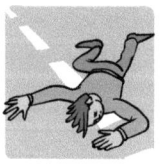

ahnmächtig
inconsciente

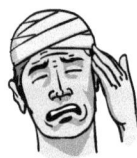

Wehdaag
dolor

Verwunnen

lesión

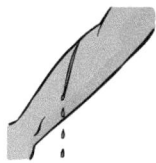

Blöden

hemorragia

Hartinfarkt

infarto

Slaganfall

ACV

Allergie

alergia

Hoosten

tos

Fever

fiebre

Gripp

gripe

Dörchfall

diarrea

Koppwehdaag

dolor de cabeza

Kreeft

cáncer

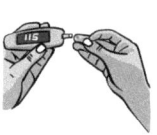

Zuckersüük

diabetes

Chirurg

cirujano

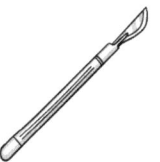

Chirurgsch Mess

bisturí

Operatschoon

operación

CT
TC

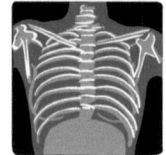

Dörchlüchten
rayos x

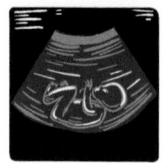

Ultraschall
ecografía

Mask
barbijo

Krankheit
enfermedad

Töövruum
sala de espera

Krück
muleta

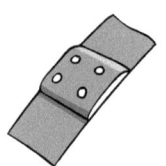

Plaaster
curita

Verband
venda

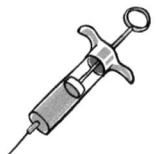

Insprütten
inyección

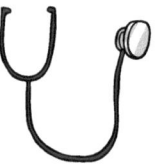

Stethoskop
estetoscopio

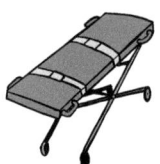

Draag
camilla

Feverthermometer
termómetro

Geboort
nacimiento

Övergewicht
sobrepeso

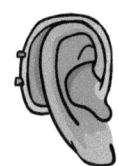

Höörapparat

audífono

Kiemfriemiddel

desinfectante

Ansteken

infección

Virus

virus

HIV / AIDS

VIH / SIDA

Heelmiddel

remedio

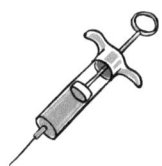

Impen

vacunación

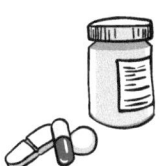

Tabletten

comprimidos

Pill

pastilla anticonceptiva

Nootroop

amada de emergencia

Blootdruck-Meter

tensiómetro

krank / gesund

enfermo / sano

Hölp!	Alarm	Överfall
¡Ayuda!	alarma	agresión

Angreep	Gefohr	Nootutgang
ataque	peligro	salida de emergencia

Füer!	Füerlöscher	Unfall
¡Fuego!	matafuego	accidente
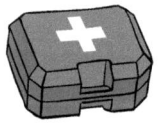		
Noothölpkoffer	SOS	Polizei
botiquín de primeros auxilios	SOS	policía

Europa

Europa

Noordamerika

América del Norte

Süüdamerika

América del Sur

Afrika

África

Asien

Asia

Australien

Australia

Atlantik

Atlántico

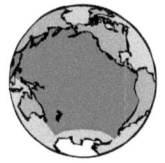

Pazifik

Pacífico

Indisch Weltmeer

Océano Índico

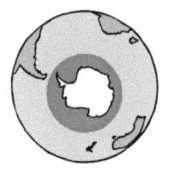

Antarktisch Weltmeer

Océano Antártico

Arktisch Weltmeer

Océano Ártico

Noordpol

polo norte

Süüdpol

polo sur

Antarktis

Antártida

Eerd

Tierra

Land

tierra

See

mar

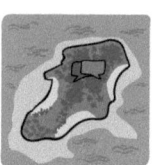

Eiland

isla

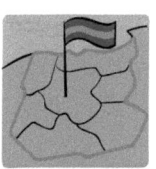

Natschoon

nación

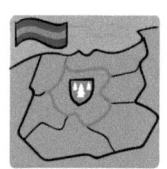

Staat

estado

Tallenblatt

esfera

Stunnenwieser

manecilla de las horas

Minutenwieser

minutero

Sekunnenwieser

segundero

Wo laat is dat?

¿Qué hora es?

Dag

día

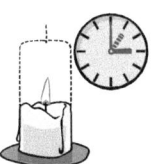

Tiet

hora

nu

ahora

digetaalsch Klock

reloj digital

Minuut

minuto

Stunn

hora

Week

semana

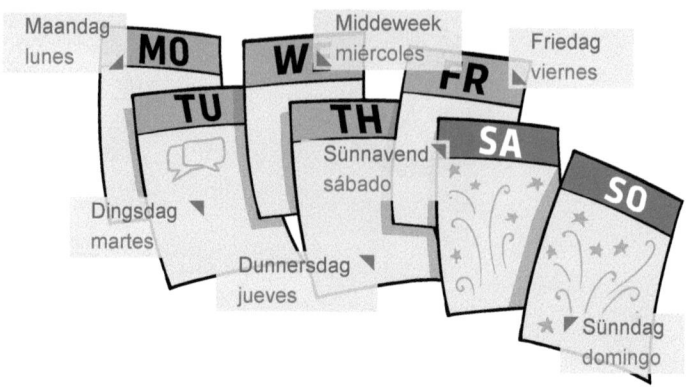

Maandag / lunes
MO

W Middeweek / miércoles

Friedag / viernes **FR**

TU

TH

Sünnavend / sábado **SA**

Dingsdag / martes

SO

Dunnersdag / jueves

Sünndag / domingo

güstern
....
ayer

hüüt
....
hoy

morgen
....
mañana

Morgen
....
mañana

Meddag
....
mediodía

Avend
....
tarde

MO	TU	WE	TH	FR	SA	SU
1	2	3	4	5	6	7
8	9	10	11	12	13	14
15	16	17	18	19	20	21
22	23	24	25	26	27	28
29	30	31	1	2	3	4

Arbeitsdaag
....
días hábiles

MO	TU	WE	TH	FR	SA	SU
1	2	3	4	5	6	7
8	9	10	11	12	13	14
15	16	17	18	19	20	21
22	23	24	25	26	27	28
29	30	31	1	2	3	4

Wekenenn
....
fin de semana

Regen
lluvia

Regenbagen
arco iris

Snee
nieve

Wind
viento

Fröhjohr
primavera

Harvst
otoño

Sommer
verano

Winter
invierno

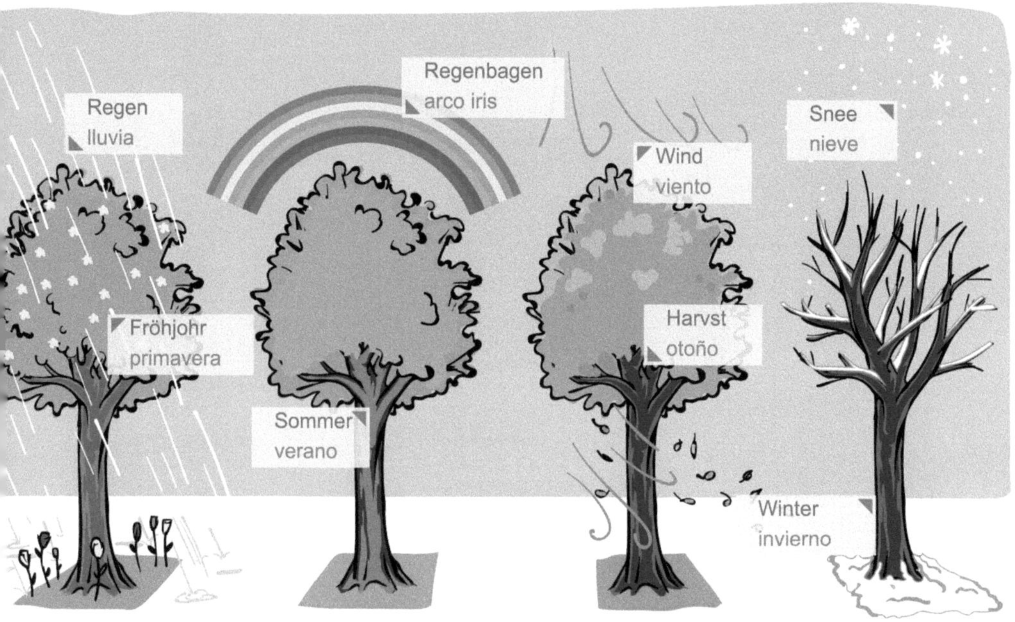

Wedervörhersaag

onóstico meteorológico

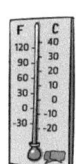

Thermometer

termómetro

Sünnenschien

luz del sol

Wulk

nube

Nevel

niebla

Luftfuchtigkeit

humedad

Blitz

rayo

Dunner

trueno

Storm

tormenta

Hagel

granizo

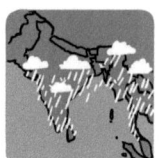

Monsun

monzón

Floot

inundación

les

hielo

Januormaand

enero

Februormaand

febrero

Martmaand

marzo

Aprilmaand

abril

Maimaand

mayo

Junimaand

junio

Julimaand

julio

Augustmaand

agosto

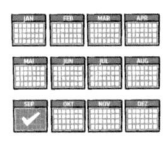

Septembermaand

septiembre

Oktobermaand

octubre

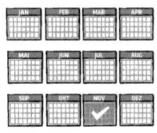

Novembermaand

noviembre

Dezembermaand

diciembre

Formen
formas

Krink

círculo

Quadrat

cuadrado

Rechteck

rectángulo

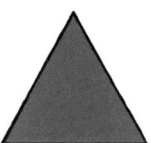

Dreeeck

triángulo

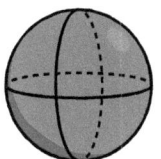

Kugel

esfera

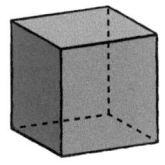

Wörpel

cubo

witt

blanco

geel

amarillo

orangsch

naranja

pink

rosa

root

rojo

lila

violeta

blau

azul

gröön

verde

bruun

marrón

gries

gris

swart

negro

veel / wenig
mucho / poco

böös / verdreeglich
enojado / tranquilo

smuck / mies
lindo / feo

Begünn / Enn
principio / fin

groot / lütt
grande / chico

hell / düüster
claro / oscuro

Broder / Süster
hermano / hermana

schier / schietig
limpio / sucio

kumpleet / nich kumpleet
completo / incompleto

Dag / Nacht
día / noche

doot / lebennig
muerto / vivo

breet / small
ancho / angosto

geneetbor / nich geneetbor

....

comestible / no comestible

böös / fründlich

....

malo / amable

fickerig / langwielt

....

entusiasmado / aburrido

dick / dünn

....

gordo / flaco

toeerst / toletzt

....

primero / último

Fründ / Fiend

....

amigo / enemigo

vull / leddig

....

lleno / vacío

hart / week

....

duro / blando

swoor / licht

....

pesado / liviano

Smacht / Döst

....

hambre / sed

krank / gesund

....

enfermo / sano

nich na't Recht / na't Recht

....

ilegal / legal

klook / dummerhaftig

....

inteligente / estúpido

linkerhand / rechterhand

....

izquierda / derecha

neeg / feern

....

cerca / lejos

nieg / bruukt

nuevo / usado

nix / wat

nada / algo

oolt / jung

viejo / joven

an / ut

encendido / apagado

apen / slaten

abierto / cerrado

lies / luut

silencioso / ruidoso

riek / arm

rico / pobre

richtig / verkehrt

correcto / incorrecto

ruug / glatt

áspero / suave

trurig / glücklich

triste / contento

kort / lang

corto / largo

suutje / flink

lento / rápido

natt / dröög

mojado / seco

warm / köhl

caliente / frío

Krieg / Freden

guerra / paz

0

null
cero

1

een
uno

2

twee
dos

3

dree
tres

4

veer
cuatro

5

fief
cinco

6

söss
seis

7

söven
siete

8

acht
ocho

9

negen
nueve

10

teihn
diez

11

ölven
once

12

twölf
doce

13

dörteihn
trece

14

veerteihn
catorce

15

föffteihn
quince

16

sössteihn
dieciséis

17

söventeihn
diecisiete

18

achtteihn
dieciocho

19

negenteihn
diecinueve

20

twintig
veinte

100

hunnert
cien

1.000

dusend
mil

1.000.000

million
millón

Spraken
idiomas

Engelsch

inglés

Amerikaansch Engelsch

inglés americano

Chineesch Mandarin

chino mandarín

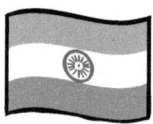

Hindi

hindi

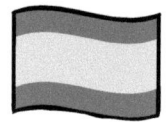

Spaansch

español

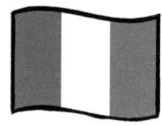

Franzöösch

francés

Araabsch

árabe

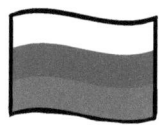

Rusch

ruso

Portugiesch

portugués

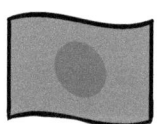

Bengaalsch

bengalí

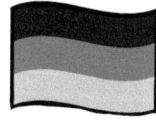

Düütsch

alemán

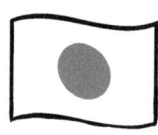

Japaansch

japonés

ik

yo

du

vos

he / se / dat

él / ella

wi

nosotros

ji

ustedes

se

ellos

keen?

¿quién?

wat?

¿qué?

woans?

¿cómo?

woneem?

¿dónde?

wannehr?

¿cuándo?

Naam

nombre

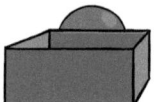

achter

detrás

in

en

vör

adelante de

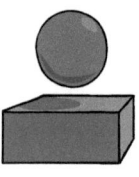

över

por encima de

op

sobre

ünner

debajo de

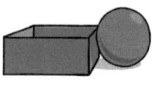

blangen

al lado de

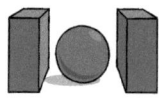

twüschen

entre

Oort

lugar